TRIBUNAL DE COMMERCE DE LA SEINE

RAPPORT DE LA COMMISSION

SUR LA

LÉGISLATION DES VENTES PUBLIQUES

Rapporteur : M. RICHEMOND, 1er Juge

PARIS
MAISON QUANTIN
COMPAGNIE GÉNÉRALE D'IMPRESSION ET D'ÉDITION
7, rue Saint-Benoît, 7

RAPPORT

SUR LA

LÉGISLATION DES VENTES PUBLIQUES

Les courtiers de commerce sollicitent des réformes dans les lois qui réglementent les ventes publiques. Ils assurent que ces ventes prendraient un essor profitable aux intérêts généraux du commerce, si elles étaient affranchies des formalités et des dispositions restrictives qui les dominent encore, et ils réclament des pouvoirs publics un régime de liberté analogue à celui qui règne en Angleterre et en Hollande.

M. le Ministre du Commerce et de l'Industrie a saisi notre Tribunal d'un questionnaire à ce sujet, et vous nous avez chargés d'étudier les réponses à y faire.

Avant d'aborder l'examen de ce questionnaire, il est utile de rappeler sommairement les diverses phases de la législation et les principes successivement consacrés.

Une première loi en date du 22 pluviôse an VII a interdit toute vente publique d'objets mobiliers aux enchères hors la présence et sans le ministère d'officiers publics ayant qualité pour y procéder.

Cette disposition fondamentale subsiste, car si une loi de 1866 a rendu libre la profession de courtier de commerce, elle ne permet l'intervention dans les ventes aux enchères qu'à une classe spéciale de courtiers assermentés devant les tribunaux de commerce, qui conservent, par cette investiture, sinon la qualité expresse, du moins le caractère d'officier public.

La législation actuelle a également maintenu, avec quelques variantes, les principales formalités imposées par la loi de pluviôse an VII, telles que la déclaration préalable à l'enregistrement, l'exhibition des marchandises et la rédaction de procès-verbaux dans une forme déterminée, à peine d'amendes en cas de contraventions.

Les différentes classes d'agents ayant qualité pour procéder aux ventes publiques ne se trouvaient pas mentionnées dans la loi de pluviôse an VII.

Les commissaires-priseurs furent institués le 27 ventôse an IX par une loi spéciale qui les chargea de la vente aux enchères de tous effets mobiliers.

Le lendemain même, une autre loi rétablissait les courtiers de commerce et, en 1807, ils furent exclusivement préposés au courtage des marchandises. De là des conflits d'attribution.

L'ancien article 492 du Code de commerce permettait au juge-commissaire d'une faillite de charger un courtier de la vente des biens mobiliers du failli. Les commissaires-priseurs y virent une atteinte à leurs prérogatives. Les courtiers, de leur côté, réclamèrent le droit de prendre part à toute vente publique de marchandises, même en dehors des cas visés par l'article 492, et un décret du 22 novembre 1811 leur donna gain de cause en les admettant à procéder aux ventes des marchandises aux enchères *en toutes circonstances*, à la seule condition de requérir une autorisation du Tribunal de Commerce.

Cette latitude absolue provoqua naturellement de la part des autres officiers publics de vives protestations, et le législateur s'empressa d'atténuer sa décision dès le 17 avril 1812 par un nouveau décret qui limita l'objet des ventes permises aux courtiers à certaines marchandises étroitement indiquées dans un tableau annexé au décret et qui interdit en même temps de vendre ces marchandises autrement que par lots d'une valeur d'au moins 2,000 francs pour Paris et 1,000 francs pour les autres villes.

Après avoir été trop large en 1811, le législateur était tombé dans l'excès contraire. Le tableau indicatif ne comprenait en effet pour Paris que 76 différentes matières premières. De nombreuses réclamations surgirent. Elles furent écoutées.

Une première ordonnance en date du 1er juillet 1818 permit que, pour Paris comme pour la province, la nomenclature des marchandises fût élargie par arrêté ministériel après avis des Tribunaux et Chambres de commerce.

Une seconde ordonnance du 9 avril 1819, tempérant ce qu'avait d'exagéré la fixation des lots à une valeur minima de 2,000 francs, autorisa les tribunaux consulaires à y déroger, à la condition toutefois de ne pas descendre jusqu'à la vente pièce à pièce ou en lots à la portée immédiate des particuliers consommateurs, afin, était-il dit, « de ne pas contrarier les opérations du commerce en détail ».

Cette ordonnance consacrait de la sorte l'interdiction des ventes publiques de marchandises *en détail*, qui n'avaient point été expressément défendues par la loi de pluviôse an VII ; mais la faculté laissée aux juges consulaires d'abaisser à leur gré la valeur des lots donna naissance à des abus. Les commerçants en détail se plaignirent. On était à une époque où la sauvegarde de leurs intérêts était en grande faveur.

Une loi fondamentale est intervenue le 25 juin 1841, qui a formellement prohibé les ventes en détail des marchandises neuves à cri public, soit aux enchères, soit au rabais, sous quelque forme que ce soit, en exceptant toutefois de cette défense les ventes ayant pour objet les comestibles et articles de mercerie, les ventes par autorité de justice, celles après décès, faillite ou cessation de commerce et celles qu'exigeraient certains cas urgents réservés à l'appréciation des tribunaux de commerce. Les attributions respectives des diverses classes d'officiers publics dans ces ventes au détail exceptionnelles furent en même temps précisées.

Quant aux ventes aux enchères des marchandises en gros, elles furent maintenues sous le régime de la législation antérieure. Cependant les entraves que comportait cette législation furent trouvées excessives lors du développement pris par le commerce, vers le milieu du siècle, et le 28 mai 1858 intervint, en même temps qu'une loi sur les négociations des marchandises déposées dans les magasins généraux, une autre loi, complétée par un règlement d'administration publique du 12 mars 1859, qui a permis la vente volontaire de certaines marchandises aux enchères et en gros, par ministère de courtiers, *sans autorisation préalable du Tribunal de commerce.*

Les décrets et ordonnances des 22 novembre 1811, 17 avril 1812, 1er juillet 1818 et 9 avril 1819 furent abrogés, sauf pour les ventes par autorité de justice. L'obligation de vendre en Bourse ou dans des salles publiques spéciales, hormis le cas où les marchandises ne pourraient être déplacées sans préjudice, l'exposition publique préalable des marchandises pendant deux jours au moins et quelques autres formalités accessoires furent maintenues. Quant au minimum de la valeur des lots, il fut abaissé à 500 francs, et il fut même stipulé que, pour certains produits, ce chiffre pourrait être modifié par arrêté ministériel.

Plusieurs années s'écoulèrent cependant avant que la loi du 28 mai 1858 fût appliquée selon l'esprit libéral qui l'avait dictée.

La nomenclature des marchandises qu'elle avait admises aux ventes volontaires était trop limitée. Elle ne comprenait que les produits exotiques et 76 produits indigènes, si bien qu'elle ne renfermait même pas toutes les marchandises dont les décrets abrogés permettaient auparavant la vente avec autorisation du Tribunal de commerce. La nécessité d'étendre le cercle des ventes volontaires et de diminuer de nouveau l'importance des lotissements se fit vivement sentir. Une enquête fut ordonnée, et, en attendant, une loi du 3 juillet 1861, qui demeure en vigueur, a rendu aux Tribunaux consulaires le droit d'autoriser la vente aux enchères de toutes marchandises quelconques et par tout officier public, dans le cas de décès ou cessation de commerce et dans tous les cas reconnus urgents.

C'est seulement par un décret et un arrêté ministériels en date du 30 mai 1863 que le bénéfice de la loi du 28 mai 1858 a enfin été été étendu à plus de 500 marchandises indigènes diverses, en même temps que le minimum des lotissements a été abaissé entre 100 et 500 francs suivant la nature des produits.

Pour compléter l'indication des règlements en vigueur, il reste à mentionner, d'une part, deux décrets en date des 6 juin et 29 août 1863 qui ont appliqué les dispositions du décret du du 12 mars 1859, mais en réduisant le minimum obligatoire des lots à 100 francs, aux ventes ordonnées par la justice consulaire en vertu de la loi du 3 juillet 1861 et à celles prévues par la loi sur le gage commercial, et, d'autre part, deux décrets en date des 23 mai 1863 et 24 décembre 1874 qui ont dispensé les cuirs verts et les suifs en branche de l'exhibition préalable et en ont permis la vente d'avance.

Les trois premières questions posées par M. le Ministre du Commerce et de l'Industrie se lient et sont ainsi conçues :

1° *Les résultats de la loi du 28 mai 1858 sur les ventes publiques de marchandises neuves aux enchères et en gros, et des règlements d'administration publique des 12 mars 1850 et 30 mai 1863 ont-ils répondu aux vœux et aux besoins du commerce ?*

2° *Conviendrait-il d'autoriser les ventes publiques aux enchères et en gros de toutes espèces de marchandises neuves, sans distinction, matières premières où objets manufacturés ?*

3° *Faut-il supprimer l'article* 25 *du décret du* 12 *mars* 1859, *portant fixation d'un minimum pour la valeur des lots ; autoriser, par suite, la vente publique des marchandises neuves en détail, et par conséquent, abroger l'article* 1er *de la loi du* 25 *juin* 1841 ?

L'exposé des motifs de la loi du 28 mai 1858 démontre que les auteurs de cette loi espéraient qu'elle déterminerait un développement fort important des ventes publiques. Or il est certain que cela ne s'est pas réalisé dans les limites attendues. Mais nous ne pensons pas qu'il convienne d'attribuer ce résultat, comme le font les courtiers, aux mesures restrictives que la loi comporte encore. Si les ventes publiques demeurent relativement rares en France, alors qu'elles sont en si grande vogue en Angleterre, cela tient surtout à une différence dans les mœurs commerciales des deux pays.

Les relations personnelles et la persévérance des habitudes sont des facteurs plus puissants chez nous que chez nos voisins d'outre-Manche.

D'autre part, l'organisation de nos ports et de nos docks est bien inférieure à ce qui existe en Angleterre, et il est à présumer que, dans l'état actuel des choses, un régime de liberté absolue ne donnerait pas aux ventes publiques en France une impulsion plus profitable aux intérêts généraux du commerce.

La loi du 28 mai 1858 constitue d'ailleurs un acheminement important vers ce régime de liberté, et elle permet de s'en rapprocher chaque jour davantage, puisqu'un simple arrêté ministériel peut admettre aux ventes publiques volontaires de nouvelles catégories de marchandises. Le décret du 30 mai 1863 en a déjà beaucoup élargi la nomenclature, et il est loisible aux Chambres de commerce d'en solliciter une extension nouvelle si les besoins du commerce le réclament.

Les dispositions législatives en vigueur nous semblent donc suffisantes.

Il est à remarquer, du reste, que la loi du 22 mai 1858 n'exclut pas textuellement, des ventes publiques en gros, les objets manufacturés. C'est seulement dans la réglementation de cette loi que l'Administration s'est attachée à en circonscrire l'application aux denrées naturelles ou à des objets affectant le caractère de matières premières.

La distinction faite se justifie.

La vente publique qui amène sur le marché une grande quantité de produits naturels, dans la valeur desquels la main-d'œuvre ne représente qu'un élément peu important, ne peut être préjudiciable, dans une certaine mesure, qu'aux intérêts particuliers des détenteurs de produits similaires, tandis que la vente publique d'objets dont la fabrication met en jeu l'existence de certains ateliers peut déterminer des perturbations nuisibles au fonctionnement normal et régulier du travail national dans les manufactures.

Toutefois, il y a là une question de mesure à observer, et si le principe admis ne doit pas être considéré comme absolu.

Quant à l'interdiction de la vente au détail, il est nécessaire de la maintenir pour la protection des commerçants en détail, dont l'existence est indispensable aux besoins du consommateur. La valeur minimum obligatoire des lotissements a été abaissée à un chiffre qui déjà donne aux ventes publiques le caractère de ventes en demi-gros. Il y aurait inconvénient à aller au delà, excepté peut-être pour certains articles dont la taxation pourrait être réformée par suite de la baisse permanente survenue dans leurs cours.

Les courtiers voudraient que le minimum des lots fût ramené uniformément à 100 francs pour toutes les ventes, comme les décrets des 6 juin et 29 août 1843 permettent de le faire en matière de ventes forcées. Mais il est rationnel de donner aux ventes forcées des facilités particulières que n'exigent pas les ventes volontaires.

Par ces considérations, nous vous proposons de répondre :

A la **Première question.**

Si les ventes publiques n'ont pas pris à la suite de la loi du 28 *mai* 1858 *toute l'activité espérée par le législateur, la raison ne doit pas en être cherchée dans la loi dont les dispositions libérales sont suffisantes pour répondre aux vœux et aux besoins du commerce, depuis que l'application en a été élargie par le décret du* 30 *mai* 1863, *et puisqu'un arrêté ministériel, rendu après avis des Chambres de commerce, peut en tout temps étendre le bénéfice de cette loi à de nouvelles catégories de marchandises.*

A la **Deuxième question.**

L'admission aux ventes publiques volontaires de tous objets manufacturés sans distinction serait préjudiciable au travail national dans les manufactures. En restreignant l'application de la loi du 28 *mai* 1858 *aux denrées alimentaires et aux matières premières, le décret du* 30 *mai* 1863 *a consacré un principe salutaire, mais dont la rigueur ne doit cependant pas être absolue et auquel des dérogations successives peuvent être admises graduellement, si les Chambres de commerce en émettent le vœu.*

A la **Troisième question.**

L'intérêt des commerçants en détail exige le maintien de l'interdiction prescrite par l'article premier de la loi du 25 juin 1841, et par suite la fixation d'un minimum obligatoire pour la valeur des lots dans les ventes volontaires de marchandises. Les limites dans lesquelles s'est renfermé à ce sujet l'arrêté du 30 mai 1863 ne sauraient être abaissées sans inconvénient que dans des cas particuliers.

Quatrième question.

Peut-on supprimer sans inconvénient les formalités relatives :

1° *A l'exposition préalable deux jours avant la vente?*

2° *A la déclaration préalable à faire par le courtier au bureau de l'Enregistrement dans l'arrondissement duquel a lieu la vente?*

L'exposition préalable des marchandises a été imposée dès l'origine par la loi de pluviôse an VII. Elle est indispensable pour que l'acheteur puisse se rendre compte de ce qui lui est offert. D'ailleurs, lorsqu'il s'agit de marchandises susceptibles de s'altérer, l'article 21 du décret du 12 mars 1863 permet au président du Tribunal de commerce d'accorder dispense de l'exposition préalable. Les cuirs verts et les suifs en branches en sont affranchis. Il y aurait les plus graves inconvénients à supprimer autrement que pour des marchandises exceptionnelles une formalité qui est la garantie des acheteurs.

Les courtiers demandent la suppression de la déclaration préalable, mais cette sujétion nous semble utile pour permettre à l'autorité d'exercer sa surveillance et elle ne constitue dans la pratique aucune entrave sérieuse.

Nous vous proposons donc de répondre :

L'exposition préalable de la marchandise doit demeurer obligatoire dans l'intérêt des acheteurs, sous le bénéfice des dérogations exceptionnelles qui sont permises par la législation en vigueur et de celles que l'avenir pourrait rendre nécessaires.

Il en est de même des formalités relatives à la déclaration préalable.

Cinquième question.

Quelles mesures y aurait-il lieu de maintenir ou de prescrire pour prévenir les fraudes et assurer la loyauté des ventes aux enchères?

L'intervention des courtiers assermentés, les pénalités prescrites en cas de contraventions et les formalités susvisées semblent assurer suffisamment la loyauté des ventes publiques. Mais il y aurait inconvénient à les abroger.

Nous vous proposons de répondre :

Les mesures actuelles doivent être maintenues sans qu'il y ait lieu d'en prononcer d'autres.

Sixième question.

Convient-il d'autoriser les ventes publiques de marchandises à livrer, en cours de route ou de fabrication, sur échantillon scellé par le courtier, annexé au procès-verbal?

Les courtiers insistent particulièrement pour obtenir une réforme en ce sens. Mais il en naîtrait vraisemblablement des abus; l'existence réelle des marchandises vendues serait insuffisamment contrôlée, et les ventes publiques pourraient trop aisément se transformer en simples opérations de jeu, sur des différences de cours. Ce serait contraire à l'esprit qui a dicté les lois actuelles, et nous vous proposons de répondre :

La vente sur échantillons favoriserait des opérations de jeu sur des marchandises fictives, et il y aurait inconvénient à l'autoriser.

Septième question.

La vente publique : 1° en gros; 2° en détail des marchandises neuves doit-elle être libre pour tous?

Doit-elle être libre seulement pour les marchands domiciliés au lieu de leur domicile et pour les marchandises de leur commerce?

Doit-elle être permise aux marchands forains et colporteurs?

Le vendeur doit-il justifier de la propriété de la marchandise?

Il est de l'intérêt général que toutes les ventes publiques comportent certaines formalités et l'intervention de courtiers ou d'officiers publics dont la compétence et le caractère offrent des avantages et des sécurités au vendeur, en même temps que des garanties à l'acheteur et aux tiers. Il convient donc de ne pas supprimer l'assistance obligatoire de ces intermédiaires. Toutefois, dans l'intérêt des consommateurs, la liberté absolue de vendre à cri public peut être laissée aux marchands forains et colporteurs offrant des comestibles et objets de menue mercerie en détail.

L'interdiction pour les marchands sédentaires de faire vendre publiquement leurs denrées hors du lieu de leur domicile peut leur être parfois très préjudiciable, en les empêchant d'offrir leurs marchandises sur la place où elles trouvent leur débouché habituel et où se rencontrent les acheteurs réunis. Il y aurait donc lieu, selon nous, de permettre d'effectuer les ventes publiques hors du domicile du vendeur; mais, en ce cas, pour permettre l'exercice des droits légitimes que peuvent avoir des tiers à faire obstacle à l'enlèvement des marchandises, il faudrait assujettir les vendeurs à publier par voie d'affiches, au lieu de leur domicile, la vente projetée sur une autre place, trois jours au moins avant l'enlèvement des marchandises.

Nous estimons d'autre part que, pour ne pas donner libre accès à des dissimulations et à des fraudes, il faut que le marchand ne puisse mettre en vente publique que des objets de son commerce dont il justifie être propriétaire.

Nous sommes donc d'avis de répondre :

Aucune vente publique ne doit être affranchie de l'intervention tutélaire d'un courtier ou autre officier public autorisé. Par dérogation à ce principe, la liberté complète de vendre à cri public doit être accordée, dans l'intérêt des consommateurs, aux marchands forains et colporteurs débitant des comestibles ou objets de peu de valeur.

La permission de faire vendre leurs marchan-

dises à l'encan, hors du lieu de leur domicile, peut être accordée sans inconvénient aux marchands sédentaires, à la condition qu'ils affichent au lieu de leur domicile la vente projetée sur une autre place trois jours au moins avant le déplacement des marchandises.

Il convient, pour éviter des fraudes, que tout vendeur justifie de la propriété des objets qu'il met en vente.

Huitième question.

Convient-il de réserver obligatoirement aux courtiers inscrits près les tribunaux de commerce le monopole de toutes les ventes publiques ayant un caractère commercial, contrairement aux lois des 3 *juillet* 1861 *et* 23 *mai* 1863 ?

Pour demander ce privilège, les courtiers font valoir leur compétence spéciale en matière d'échanges commerciaux, et ils font remarquer que, d'après les règlements actuels, c'est la situation juridique d'une vente publique et non la nature des objets mis en vente qui sert à fixer la classe d'officiers publics ayant qualité pour y procéder.

Les ventes volontaires à l'encan et en gros des marchandises inscrites au tableau du 30 mai 1863 et les ventes après protêt de warrant sont en effet les seules qui soient du domaine privilégié des courtiers, en vertu de la loi du 28 mai 1858.

Les ventes en gros après saisie et celles ordonnées par justice en dehors des cas prévus par le code de commerce sont au contraire, ainsi que les ventes en détail, interdites aux courtiers.

Enfin la justice consulaire peut à son gré désigner soit un courtier, soit un autre officier public : 1° s'il s'agit de ventes après faillite aux termes de l'article 486 du code de commerce ; 2° s'il s'agit de ventes en gros après décès ou cessation de commerce et dans des cas urgents, en vertu de la loi du 3 juillet 1861 ; 3° s'il s'agit de la réalisation d'un gage commercial, en vertu de la loi du 23 mai 1863.

Certaine anomalie ressort de la diversité de ces dispositions, et il est certain que, dans le cas de ventes en gros après saisie ou de ventes forcées, il serait désirable qu'elles pussent être confiées à des courtiers, si elles ont un caractère commercial. Il en résulterait une économie dans les frais, d'une part, et d'autre part des chances de réalisation plus avantageuses en raison de la clientèle d'acheteurs familière aux courtiers. Une réforme législative en ce sens serait favorablement accueillie par le commerce.

Mais il serait inopportun de rendre la désignation d'un courtier absolument obligatoire dans les circonstances particulières où les lois des 3 juillet 1861 et 23 mai 1863 permettent aux présidents des tribunaux de commerce de faire éventuellement choix d'un autre officier public. Pour ne citer qu'un exemple, ce choix facultatif évite la multiplicité des ventes et des intermédiaires s'il échet de réaliser après le décès d'un négociant à la fois son mobilier et ses marchandises. Les lois susvisées ont d'ailleurs eu le soin d'ordonner que l'officier public ainsi désigné serait soumis, quel qu'il fût, aux formes et aux tarifs qui régissent les courtiers.

Il faut toutefois remarquer, en s'inspirant du texte et de l'exposé des motifs des lois visées ci-dessus, que la désignation d'un courtier pour la vente des marchandises en gros doit être la règle générale et que la préférence accordée à une autre classe d'officiers publics ne doit être dictée que par des raisons spéciales. Aussi conviendrait-il d'obliger les juges consulaires d'indiquer ces raisons dans leurs ordonnances, le cas échéant, sans que toutefois leur appréciation cessât d'être souveraine.

Nous vous proposons donc de répondre :

Le Tribunal n'est pas d'avis qu'il convienne d'étendre le monopole des courtiers d'une façon absolue à toute vente publique ayant un caractère commercial.

La faculté de désigner un autre officier public, réservée aux présidents des Tribunaux de commerce dans les cas prévus par les lois des 3 *juillet* 1861 *et* 23 *mai* 1863, *a une utilité réelle ; mais la désignation d'un courtier étant la règle générale, les ordonnances de la justice consulaire y dérogeant devraient motiver leur préférence.*

Une modification législative qui permettrait aux juges de faire procéder par le ministère de courtiers aux ventes après saisie ayant un caractère commercial serait favorable aux intérêts généraux du commerce.

Neuvième question.

Y a-t-il lieu d'abroger ou de modifier les lois des 3 *juillet* 1861 *et* 23 *mai* 1863?

L'abrogation de ces deux lois ne laisserait subsister que celle du 28 mai 1858. Les ventes publiques ne pourraient plus porter que sur les marchandises énumérées au tableau du 30 mai 1863 et le commerce en souffrirait assurément.

Il est indispensable, en effet, qu'après décès

ou cessation de commerce et dans des cas urgents, il soit possible d'écouler rapidement toutes sortes de marchandises par la voie des enchères. La loi du 3 juillet 1861 a rendu de grands services en donnant semblable facilité, et la preuve en est dans l'application presque quotidienne qu'elle reçoit. Il convient de la maintenir.

La loi du 23 mai 1863 qui a simplifié la réalisation du gage commercial par l'introduction dans le Code de commerce des dispositions édictées par les articles 91 et suivants est non moins importante à conserver. Il serait toutefois intéressant d'y introduire une légère modification.

L'article 93 permet au créancier gagiste, huit jours après signification au débiteur qui ne s'est pas libéré à l'échéance, de faire vendre le gage. Le créancier, après ce délai a donc la faculté de faire procéder à la vente à toute époque ultérieure à sa convenance, sans nouvel avis ni autre formalité.

Or, il arrive souvent que des réalisations de gage, longtemps différées pour une raison ou pour une autre, sont faites ensuite à l'insu et au détriment du débiteur. Il faudrait que ce dernier fût toujours informé d'avance soit par la signification donnant ouverture au droit du créancier, soit par un acte extrajudiciaire ultérieur, de la date précise et du lieu de la vente, pour qu'il puisse y assister et défendre la valeur du gage par ses propres enchères ou par celles qu'il provoquerait. Cela éviterait bien des surprises et des contestations.

Notre avis serait qu'à la suite du premier paragraphe de l'article 93 du Code de commerce ainsi conçu : « A défaut de paiement à l'éché-« ance le créancier peut, huit jours après une

« simple signification faite au débiteur et au « tiers bailleur du gage, s'il y en a un, faire « procéder à la vente publique des objets don- « nés en gage, » il fût ajouté : « La date et le « lieu de la vente devront être notifiés au débi- « teur au moins trois jours d'avance, s'ils ne le « sont par la signification elle-même. »

Nous vous proposons donc de répondre :

L'abrogation des lois des 3 juillet 1861 et 23 mai 1863 serait funeste aux intérêts du commerce. Il faut en maintenir toutes les dispositions, et la seule modification intéressante à y introduire consisterait à ajouter au premier paragraphe de l'article 93 du Code de commerce l'obligation pour le créancier gagiste de notifier au débiteur la date et le lieu de la réalisation du gage au moins trois jours d'avance.

Dixième question.

Si l'on admet la liberté de la vente aux enchères et en détail des marchandises neuves, cette vente doit-elle être permise aux magasins généraux ?

Nous vous proposons de répondre en raison de ce qui précède :

L'hypothèse de la liberté de la vente aux enchères et en détail des marchandises neuves n'est pas admise par le Tribunal.

Onzième question.

Convient-il d'attribuer au préfet le droit d'autoriser l'ouverture des salles de ventes publiques de marchandises neuves comme il autorise celle des magasins généraux en vertu de la loi du 31 août 1870 ?

Et **Douzième question** (connexe).

La gestion des permissionnaires doit-elle être assujettie à la prestation d'un cautionnement ? Quelles en seraient les limites minimum et maximum ?

Les magasins généraux et les salles de ventes publiques ne sont plus soumises au même régime, comme elles l'étaient à l'origine.

La loi du 31 août 1870 n'a abrogé qu'en ce qui concerne les magasins généraux la réglementation prescrite par la loi du 28 mai 1858 et le décret du 12 mars 1859 qui subordonnaient l'ouverture de tout magasin général, comme celle de toute salle de vente publique, à une autorisation gouvernementale. Elle a attribué au préfet le droit d'autoriser quiconque à ouvrir un magasin général, par un simple arrêté pris dans un délai de trois jours après avis de la Chambre de commerce, mais par contre elle a astreint le permissionnaire à un cautionnement variant entre 20.000 et 100.000 fr.

L'ouverture des salles publiques demeure au contraire régie par les premières dispositions législatives. Elle ne peut avoir lieu qu'en vertu d'un décret rendu en Conseil d'État, mais le cautionnement n'est pas obligatoire. L'acte d'autorisation peut facultativement en dispenser l'exploitant ou en fixer le montant eu égard à la responsabilité encourue.

Il serait utile de faire disparaître cette anomalie, comme le demandent les courtiers et de rattacher les salles publiques au régime de la loi du 31 août 1870, mais sans préciser dans la loi les limites du cautionnement à exiger e en laissant au préfet le droit d'en fixer l'importance dans chaque cas particulier après avis de la Chambre et du Tribumal de commerce du lieu.

Nous vous proposons donc de répondre :

A la **Onzième question.**

Le régime de la loi du 31 mai 1870 devrait être étendu à l'ouverture des salles de ventes publiques, c'est-à-dire l'autorisation préfectorale substituée à l'autorisation par décret.

A la **Douzième question.**

Les permissionnaires devraient être astreints à un cautionnement dont l'importance serait fixée dans chaque cas particulier par le préfet, après avis de la Chambre et du Tribunal de commerce consultés sur l'opportunité d'accorder la permission.

Treizième question.

L'article 20 du décret du 12 mars 1859 autorise le courtier à vendre sur place dans des cas déterminés. Cette exception semble devenir la règle pour certains commissionnaires.

Doit-on les astreindre à l'obligation d'ouvrir une salle de ventes publiques dans les conditions réglementaires?

Il n'est pas indifférent que les ventes aux enchères aient lieu sur place ou dans un local public dont l'accès est librement ouvert aux acheteurs et connu de tous, surtout dans les grands centres de population.

L'ouverture des salles de ventes publiques étant rendue plus facile, les autorisations de vendre sur place doivent rester exceptionnelles, et n'être accordées que dans des cas spéciaux qui sont, quant à présent, suffisamment étendus par la législation actuelle.

Nous vous proposons donc de répondre :

Il importe que les ventes sur place soient exceptionnelles dans les grandes villes et que les ventes publiques hors des salles autorisées ne soient permises que par ordonnance du président du tribunal de commerce, dans les circonstances où il y a réellement intérêt majeur à accorder cette facilité.

Quatorzième et dernière question.

Quelles sont les autres modifications qui pourraient être introduites dans la législation sur les ventes publiques de marchandises neuves aux enchères ?

Aucune modification essentielle ne nous paraît nécessaire. Les principes consacrés par la législation en vigueur répondent sensiblement aux besoins actuels du commerce, mais nous croyons qu'il serait utile de les refondre dans une loi générale qui ferait disparaître les quelques anomalies que nous avons signalées et qui coordonnerait sous un titre unique les dispositions éparses dans le Code.

La Chambre de commerce de Paris a émis le vœu que les pouvoirs législatifs reprennent l'étude générale de la question. Nous formulons le même vœu, et vous proposons de répondre :

Aucune modification essentielle n'est néces-

saire dans les principes généraux qui régissent les ventes publiques, mais le Tribunal croit devoir signaler à M. le Ministre l'utilité que présenterait un remaniement des décisions législatives successives, afin de les coordonner, faire disparaître quelques anomalies, délimiter plus nettement les attributions respectives des divers agents préposés aux ventes, étendre dans une certaine mesure la compétence des courtiers et assurer l'extension graduelle des ventes publiques au fur et à mesure des transformations des besoins du commerce. Le dépôt d'un projet de loi générale sur la matière serait désirable.

Paris. — Maison Quantin, 7, rue Saint-Benoît.

www.ingramcontent.com/pod-product-compliance
Ingram Content Group UK Ltd.
Pitfield, Milton Keynes, MK11 3LW, UK
UKHW020235180726
13838UKWH00005B/2385